Impressum
Verlag: BABADADA GmbH, Nedderfeld 112 , 22529 Hamburg
Geschäftsführer / Verlagsleitung: Harald Hof
Druck: Books on Demand GmbH, In de Tarpen 42, 22848 Norderstedt

Imprint
Publisher: BABADADA GmbH, Nedderfeld 112 , 22529 Hamburg, Germany
Managing Director / Publishing direction: Harald Hof
Print: Books on Demand GmbH, In de Tarpen 42, 22848 Norderstedt, Germany

kool

学校

jagama
除

186/2

tahvel
黑板

klassiruum
教室

koolihoov
校园

õpetaja
老师

paber
纸

kirjutama
书写

pastapliiats
钢笔

kirjutuslaud
办公桌

joonlaud
直尺

raamat
书

õpilane
学生

koolikott

书包

pinal

铅笔盒

harilik pliiats

铅笔

pliiatsiteritaja

卷笔刀

kustukumm

橡皮擦

joonistusplokk

画板

joonistus

图画

pintsel

画笔

värvikarp

颜料盒

käärid

剪刀

liim

胶水

töövihik

练习册

kodutöö

家庭作业

number

数字

liitma

加

lahutama

减

korrutama

乘

arvutama

计算

täht

字母

tähestik

字母表

sõna

字

tekst

课文

lugema

读

kriit

粉笔

koolitund

上课

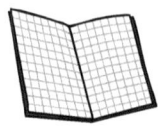

klassipäevik

登记

eksam

考试

tunnistus

证书

koolivorm

校服

haridus

教育

entsüklopeedia

百科全书

ülikool

大学

mikroskoop

显微镜

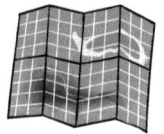

kaart

地图

paberikorv

废纸篓

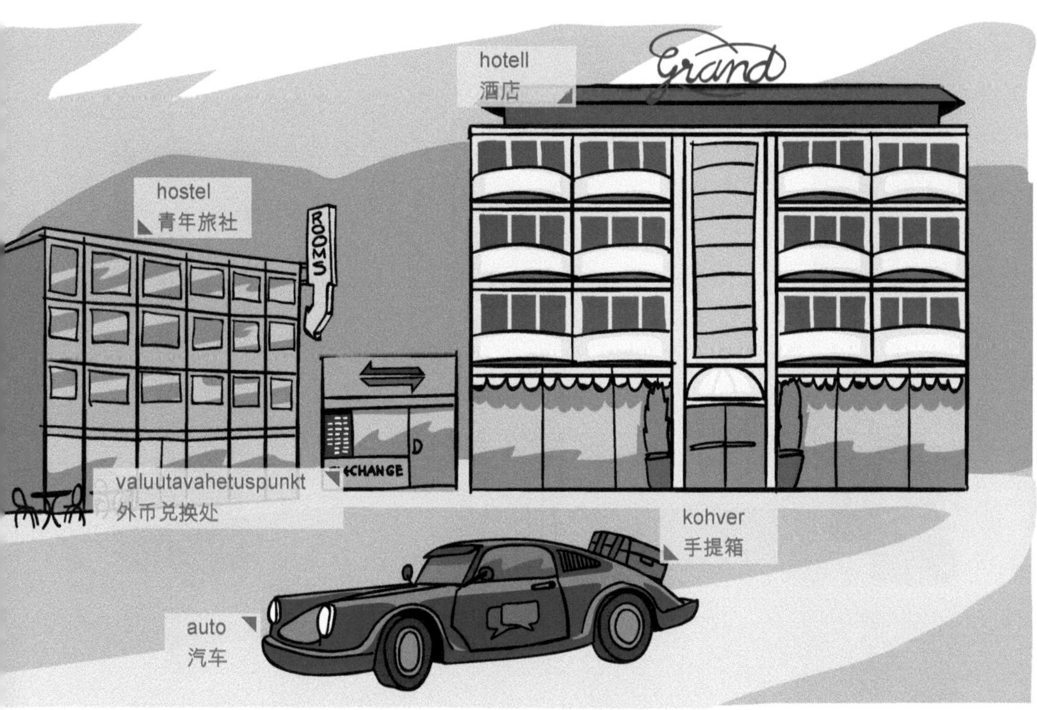

hotell
酒店
Grand
hostel
青年旅社
ROOMS
EXCHANGE
valuutavahetuspunkt
外币兑换处
kohver
手提箱
auto
汽车

keel

语言

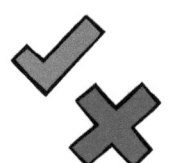

jah / ei

是/否

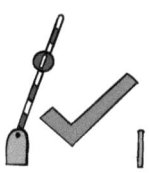

okei

好的

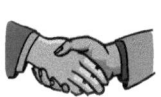

Tere!

您好

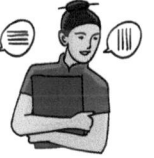

tõlk

翻译员

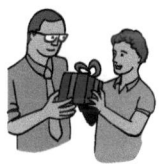

Aitäh!

谢谢

Kui palju maksab ...?

......多少钱？

Ma ei saa aru

我不明白

probleem

问题

Tere õhtust!

晚上好！

Tere hommikust!

早上好！

Head ööd!

晚安！

Head aega!

再见

suund

方向

pagas

行李

kott

包

seljakott

双肩包

külaline

客人

tuba

房间

magamiskott

睡袋

telk

帐篷

turismiinfo

旅游信息

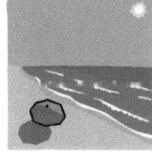

rand

海滩

krediitkaart

信用卡

hommikusöök

早餐

lõunasöök

午餐

õhtusöök

晚餐

pilet

票

lift

电梯

postmark

邮票

riigipiir

边界

toll

海关

saatkond

大使馆

viisa

签证

pass

护照

transport

交通运输

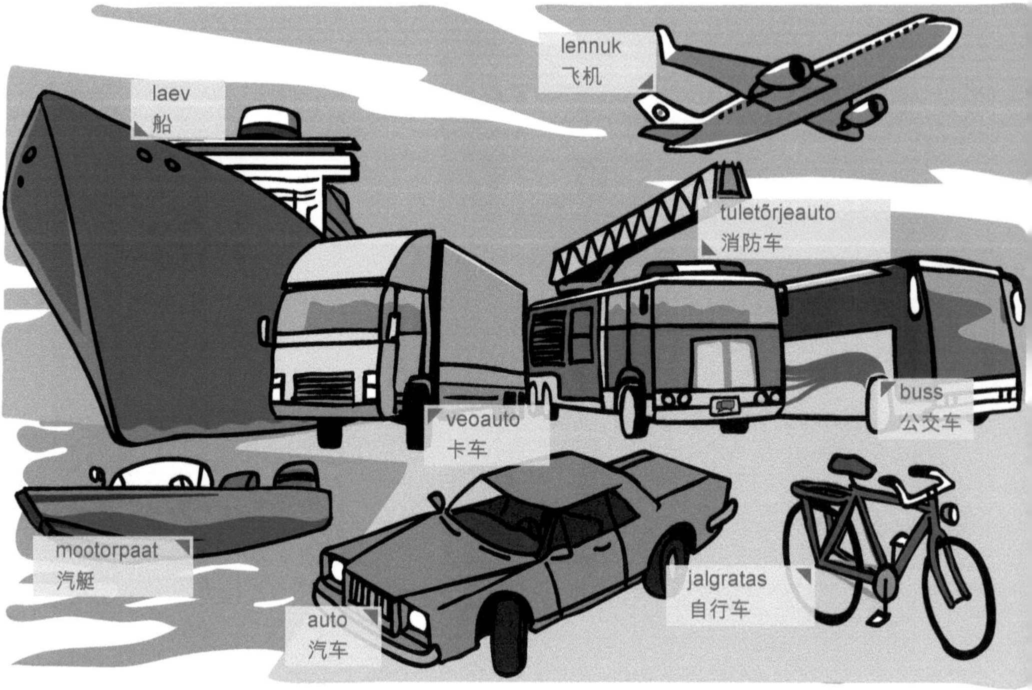
lennuk
飞机
laev
船
tuletõrjeauto
消防车
buss
公交车
veoauto
卡车
mootorpaat
汽艇
jalgratas
自行车
auto
汽车

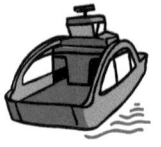

praam
摆渡船

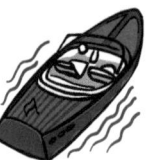

paat
小船

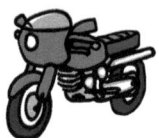

mootorratas
摩托车

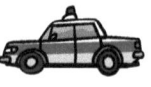

politseiauto
警车

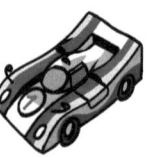

võidusõiduauto
赛车

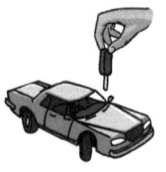

rendiauto
租车

ühisauto

拼车

puksiirauto

拖车

prügiauto

垃圾车

mootor

发动机

kütus

汽油

tankla

加油站

liiklusmärk

交通标志

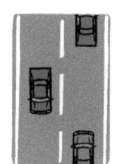

liiklus

交通

liiklusummik

交通堵塞

parkla

停车场

raudteejaam

火车站

rööpad

轨道

rong

火车

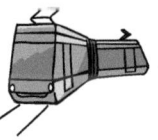

tramm

电车

vagun

货车

helikopter

直升机

lennujaam

机场

torn

塔

reisija

乘客

konteiner

集装箱

pappkast

纸板箱

käru

手推车

korv

篮子

õhku tõusma / maanduma

起飞/降落

linn

城市

küla

村庄

kesklinn

市中心

maja

房子

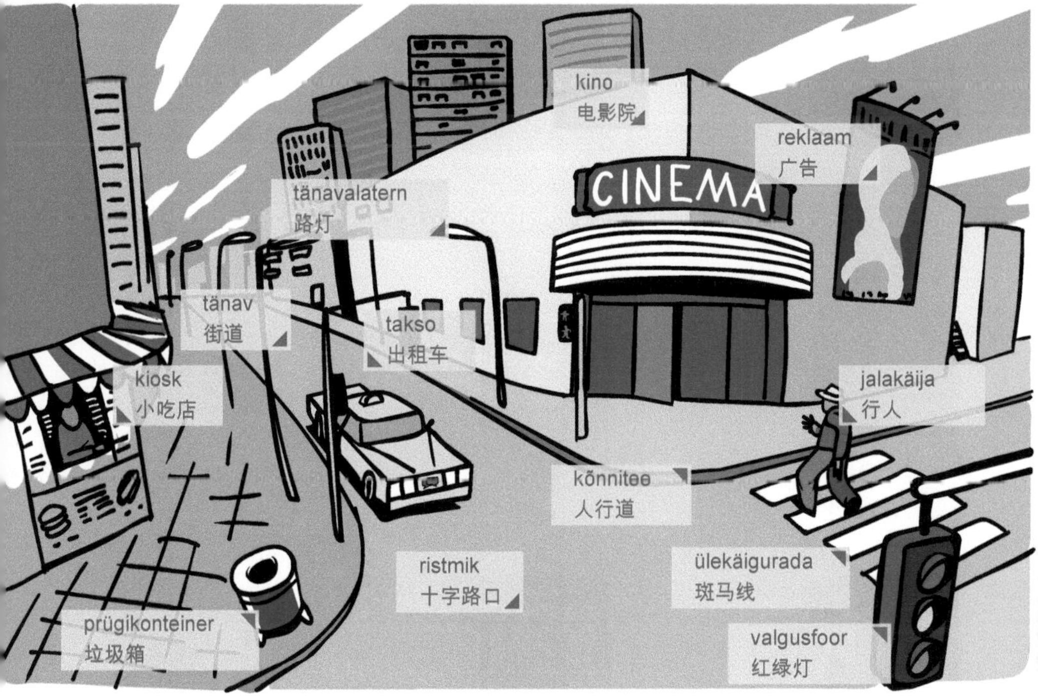
kino
电影院
CINEMA
reklaam
广告
tänavalatern
路灯
tänav
街道
takso
出租车
kiosk
小吃店
jalakäija
行人
kõnnitee
人行道
ristmik
十字路口
ülekäigurada
斑马线
prügikonteiner
垃圾箱
valgusfoor
红绿灯

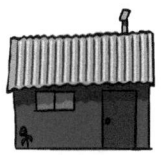

osmik

小屋

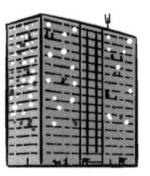

kortermaja

公寓

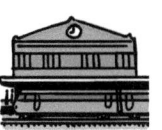

raudteejaam

火车站

raekoda

市政厅

MUSEUM

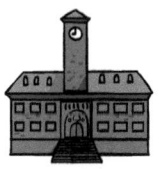

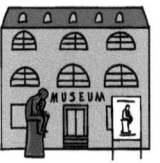

muuseum

博物馆

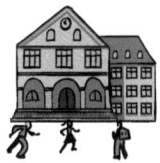

kool

学校

ülikool

大学

pank

银行

haigla

医院

hotell

酒店

apteek

药房

kontor

办公室

raamatupood

书店

kauplus

商店

lillepood

花店

supermarket

超市

turg

市场

kaubamaja

百货商店

kalapood

鱼店

kaubanduskeskus

购物中心

sadam

海港

park

公园

pink

长凳

sild

桥

trepp

楼梯

metroo

地铁

tunnel

隧道

bussipeatus

公交车站

baar

酒吧

restoran

餐馆

postkast

邮筒

tänavasilt

路标

parkimisautomaat

停车计时器

loomaaed

动物园

ujula

游泳馆

mošee

清真寺

talu

农场

reostus

污染

surnuaed

墓地

kirik

教堂

mänguväljak

操场

tempel

寺庙

maastik

地形

leht
树叶

teeviit
指示牌

tee
路

aas
草地

kivi
石头

puu
树

matkaja
徒步旅行
者

jõgi
河

rohi
草

lill
花

org

峡谷

mägi

山

järv

湖

mets

森林

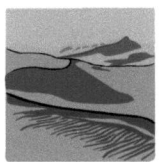

kõrb

沙漠

vulkaan

火山

linnus

城堡

vikerkaar

彩虹

seen

蘑菇

palm

棕榈树

sääsk

蚊子

kärbes

苍蝇

sipelgas

蚂蚁

mesilane

蜜蜂

ämblik

蜘蛛

mardikas

甲虫

konn

青蛙

orav

松鼠

siil

刺猬

jänes

野兔

öökull

猫头鹰

lind

鸟

luik

天鹅

metssiga

野猪

hirv

鹿

põder

麋鹿

pais

水坝

tuuleturbiin

风力发电机

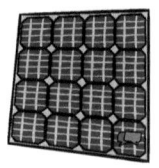

päikesepaneel

太阳能电池板

kliima

气候

restoran
餐馆

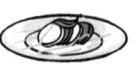

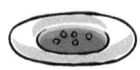

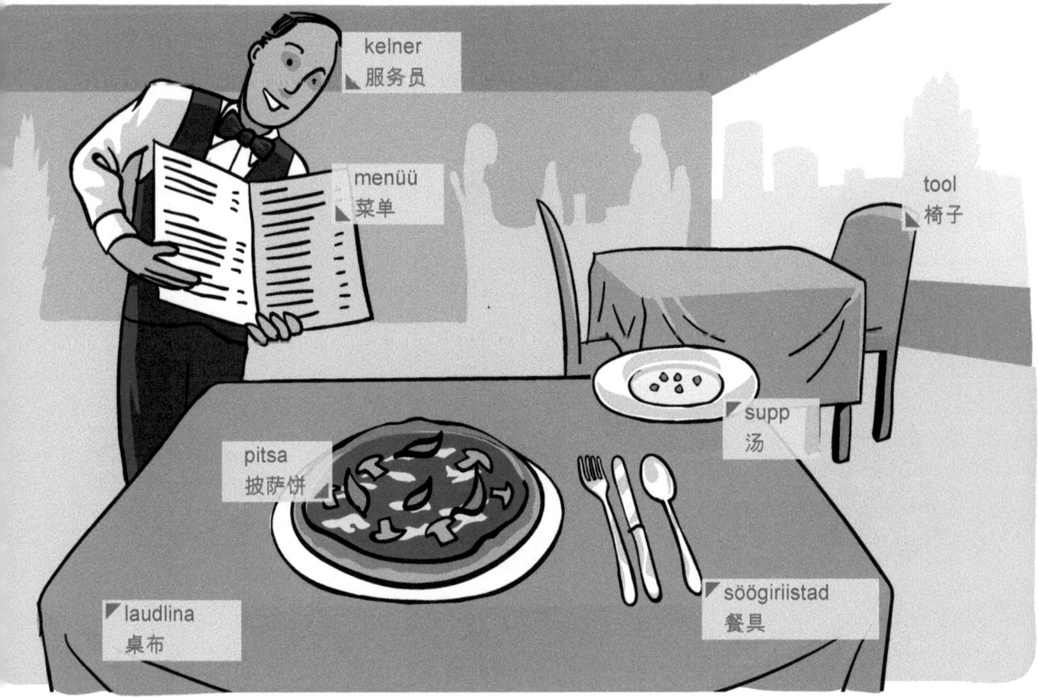

kelner
服务员
menüü
菜单
tool
椅子
supp
汤
pitsa
披萨饼
söögiriistad
餐具
laudlina
桌布

eelroog

前菜

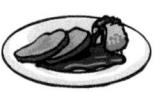

pearoog

主菜

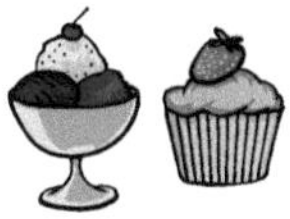

magustoit

甜点

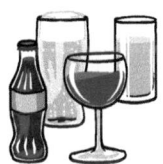

joogid

饮料

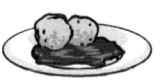

toit

食物

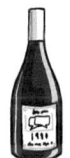

pudel

瓶子

kiirtoit

快餐

tänavatoit

街边小吃

teekann

茶壶

suhkrutoos

糖盒

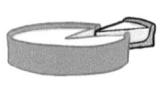

portsjon

一份饭菜

espressomasin

意式咖啡机

lastetool

高脚椅

arve

账单

kandik

托盘

nuga

刀

kahvel

餐叉

lusikas

勺子

teelusikas

茶匙

salvrätik

餐巾

klaas

玻璃杯

taldrik

碟子

supitaldrik

汤盘

alustass

碟子

kaste

酱

soolatoos

盐瓶

pipraveski

胡椒磨

äädikas

醋

õli

食用油

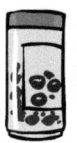

vürtsid

调味料

ketšup

番茄酱

sinep

芥末

majonees

蛋黄酱

supermarket
超市

eripakkumine
特价
FOR
klient
顾客
piimatooted
乳制品
puuviljad
水果
ostukäru
购物车

BUTCHERS

lihapood
肉铺

BAKERY

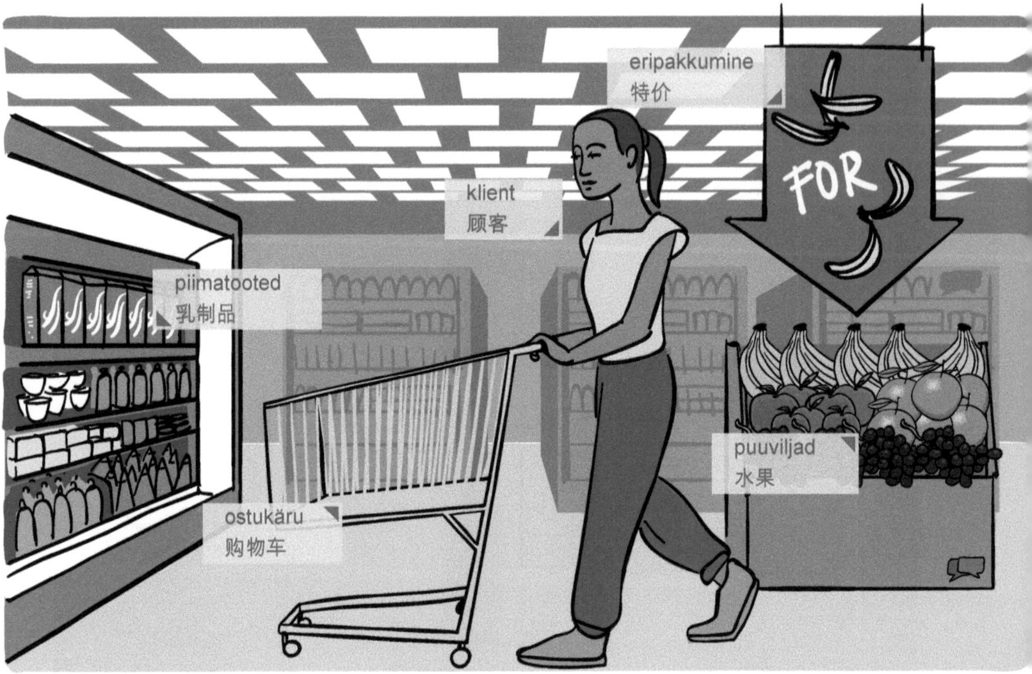

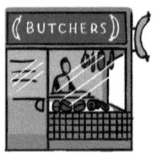

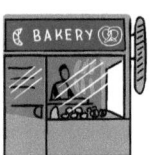

pagariäri
面包房

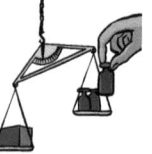

kaaluma
称重

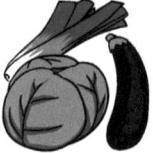

köögiviljad
蔬菜

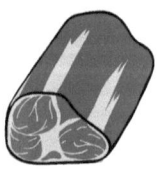

liha
肉

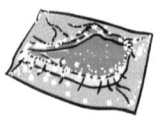

külmutatud toit
冷冻食品

lihalõigud

冷盘

konservid

罐头食品

pesupulber

洗衣粉

maiustused

甜食

majatarbed

日用品

puhastustooted

清洁用品

müüja

销售员

kassaaparaat

收银机

kassapidaja

收银员

ostunimekiri

购物清单

lahtiolekuajad

开放时间

rahakott

钱包

krediitkaart

信用卡

kott

袋子

kilekott

塑料袋

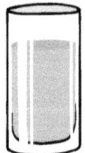

vesi

水

mahl

果汁

piim

牛奶

koola

可乐

vein

红酒

õlu

啤酒

alkohol

酒

kakao

可可

tee

茶

kohv

咖啡

espresso

意式浓缩咖啡

cappuccino

卡布奇诺

banaan

香蕉

õun

苹果

apelsin

橙子

arbuus

西瓜

sidrun

柠檬

porgand

胡萝卜

küüslauk

大蒜

bambus

竹子

sibul

洋葱

seen

蘑菇

pähklid

坚果

nuudlid

面条

spagetid

意大利面条

riis

米饭

salat

沙拉

friikartulid

薯条

praekartulid

炸土豆

pitsa

披萨饼

hamburger

汉堡包

võileib

三明治

šnitsel

炸猪排

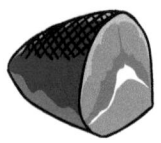

sink

火腿

salaami

萨拉米

vorst

香肠

kana

鸡肉

praeliha

烤肉

kala

鱼

toit - 食物

kaerahelbed

燕麦片

müsli

穆兹利

maisihelbed

玉米片

jahu

面粉

sarvesai

羊角面包

kukkel

面包卷

leib

面包

röstsai

烤面包

küpsised

饼干

või

黄油

kohupiim

凝乳

kook

蛋糕

muna

蛋

praemuna

煎蛋

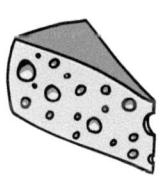

juust

奶酪

jäätis

冰激凌

suhkur

糖

mesi

蜂蜜

moos

果酱

pähklivõie

巧克力酱

karri

咖喱饭

talu
农场

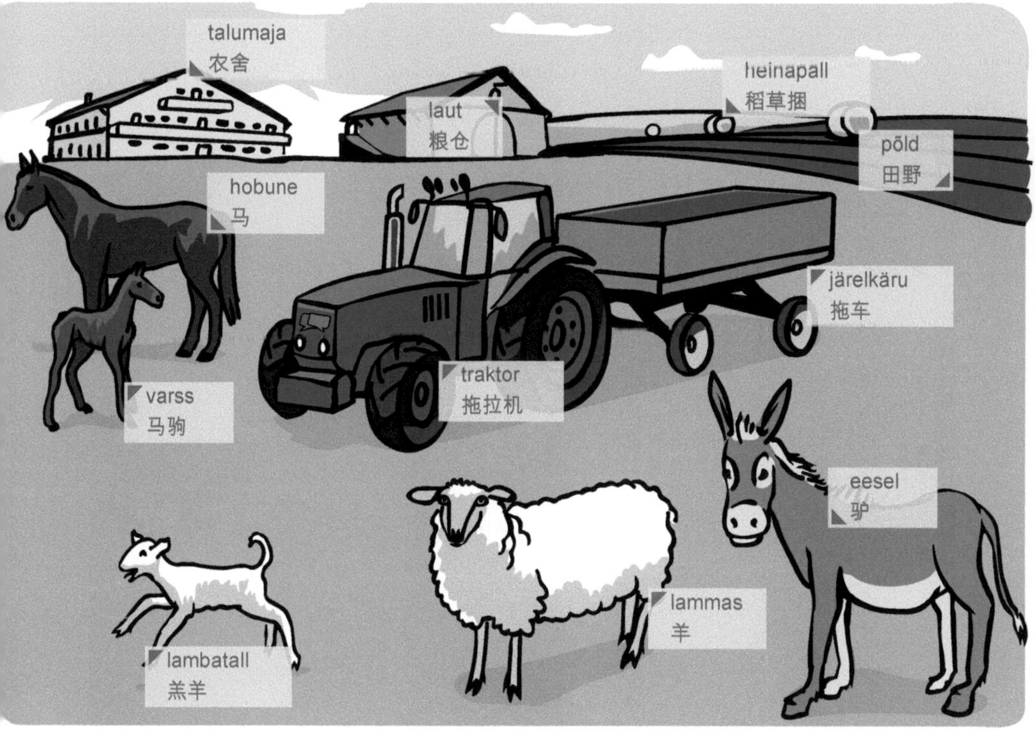
talumaja
农舍
laut
粮仓
heinapall
稻草捆
põld
田野
hobune
马
järelkäru
拖车
traktor
拖拉机
varss
马驹
eesel
驴
lammas
羊
lambatall
羔羊

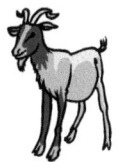

kits

山羊

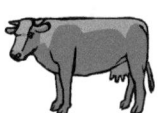

lehm

奶牛

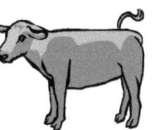

vasikas

牛犊

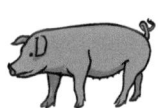

siga

猪

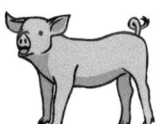

põrsas

小猪

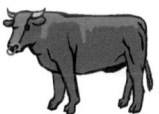

pull

公牛

hani

鹅

part

鸭

tibu

小鸡

kana

母鸡

kukk

公鸡

rott

鼠

kass

猫

hiir

老鼠

härg

牛

koer

狗

koerakuut

狗屋

aiavoolik

花园浇水软管

kastekann

洒水壶

vikat

长柄大镰刀

ader

犁

sirp

镰刀

kõblas

锄头

hang

长柄草耙

kirves

斧头

käru

独轮手推车

küna

饲料槽

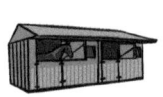

piimanõu

牛奶罐

kott

麻布袋

tara

栅栏

tall

马厩

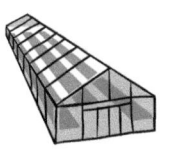

kasvuhoone

温室

muld

土壤

seeme

种子

väetis

肥料

kombain

联合收割机

saaki koristama

收割

saagikoristus

收割

jamss

山药

nisu

小麦

soja

大豆

kartul

土豆

mais

玉米

raps

油菜籽

viljapuu

果树

maniokk

树薯

teravili

谷物

maja
房子

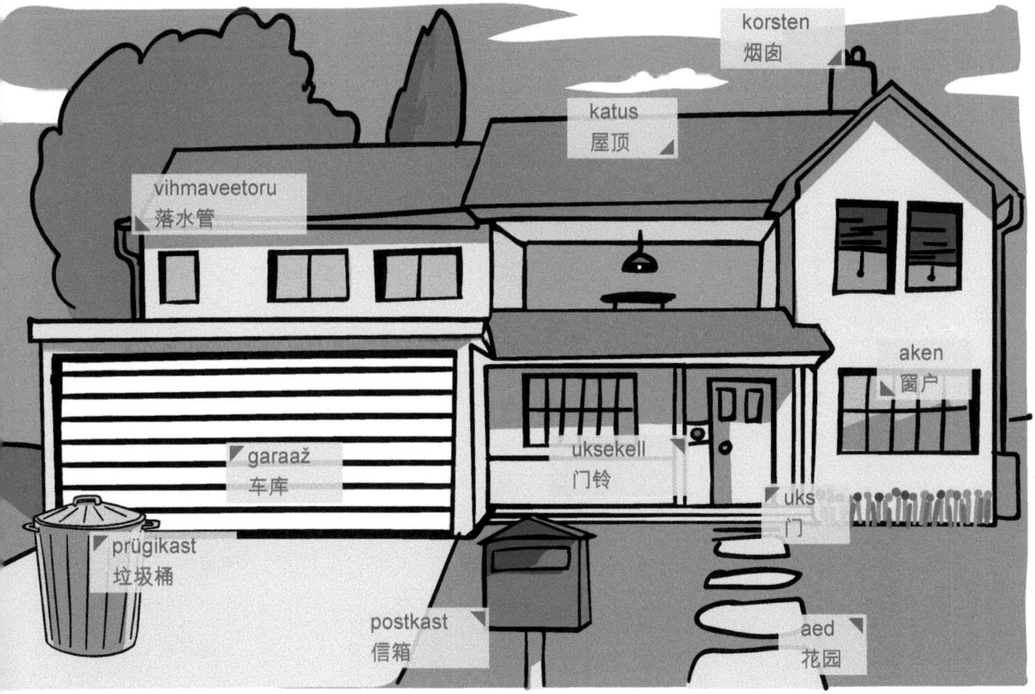
korsten
烟囱
katus
屋顶
vihmaveetoru
落水管
aken
窗户
garaaž
车库
uksekell
门铃
uks
门
prügikast
垃圾桶
postkast
信箱
aed
花园

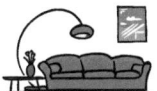

elutuba

客厅

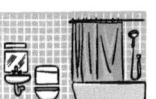

vannituba

浴室

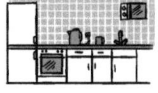

köök

厨房

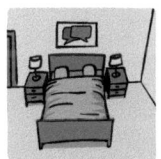

magamistuba

卧室

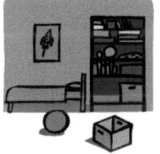

lastetuba

儿童房

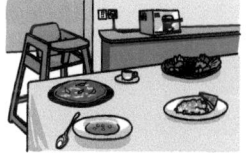

söögituba

餐厅

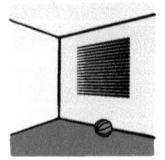

põrand

地板

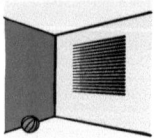

sein

墙壁

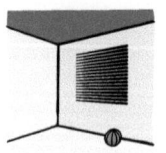

lagi

吊顶

kelder

地窖

saun

桑拿

rõdu

阳台

terrass

露台

bassein

游泳池

muruniiduk

割草机

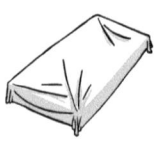

voodilina

被单

päevatekk

床罩

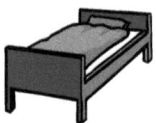

voodi

床

luud

扫帚

ämber

水桶

lüliti

开关

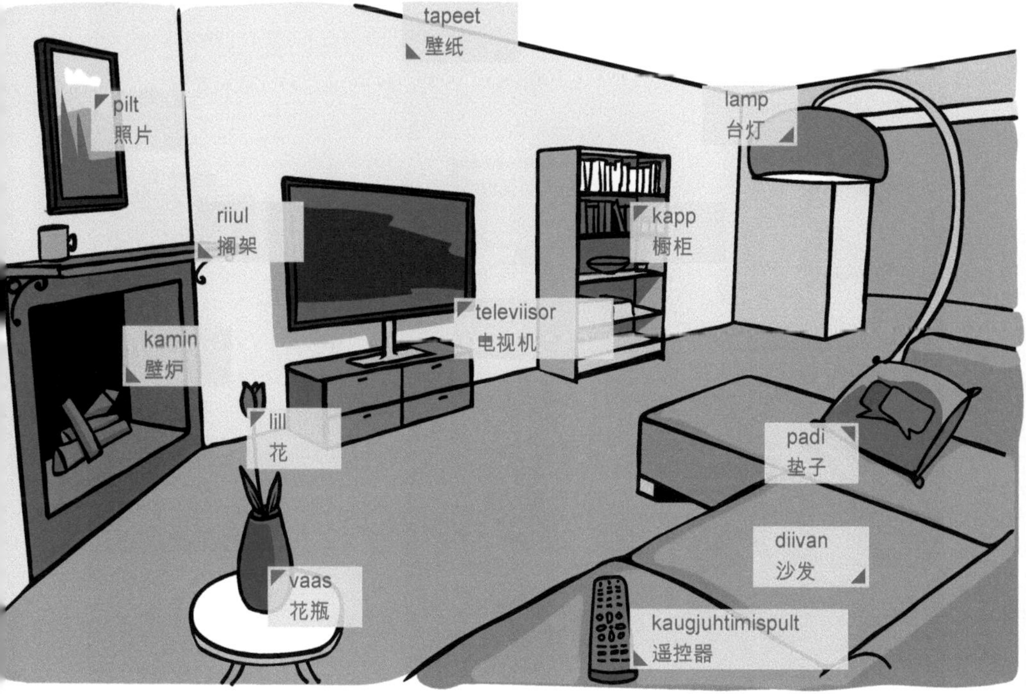

tapeet
壁纸

pilt
照片

lamp
台灯

riiul
搁架

kapp
橱柜

kamin
壁炉

televiisor
电视机

lill
花

padi
垫子

diivan
沙发

vaas
花瓶

kaugjuhtimispult
遥控器

vaip

地毯

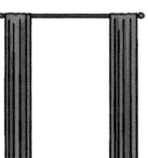

kardin

窗帘

laud

餐桌

tool

椅子

kiiktool

摇椅

tugitool

扶手椅

raamat

书

tekk

毯子

kaunistus

装饰品

küttepuud

木柴

film

电影

helisüsteem

高保真音响

võti

钥匙

ajaleht

报纸

maal

油画

plakat

海报

raadio

收音机

märkmik

笔记本

tolmuimeja

吸尘器

kaktus

仙人掌

küünal

蜡烛

köök
厨房

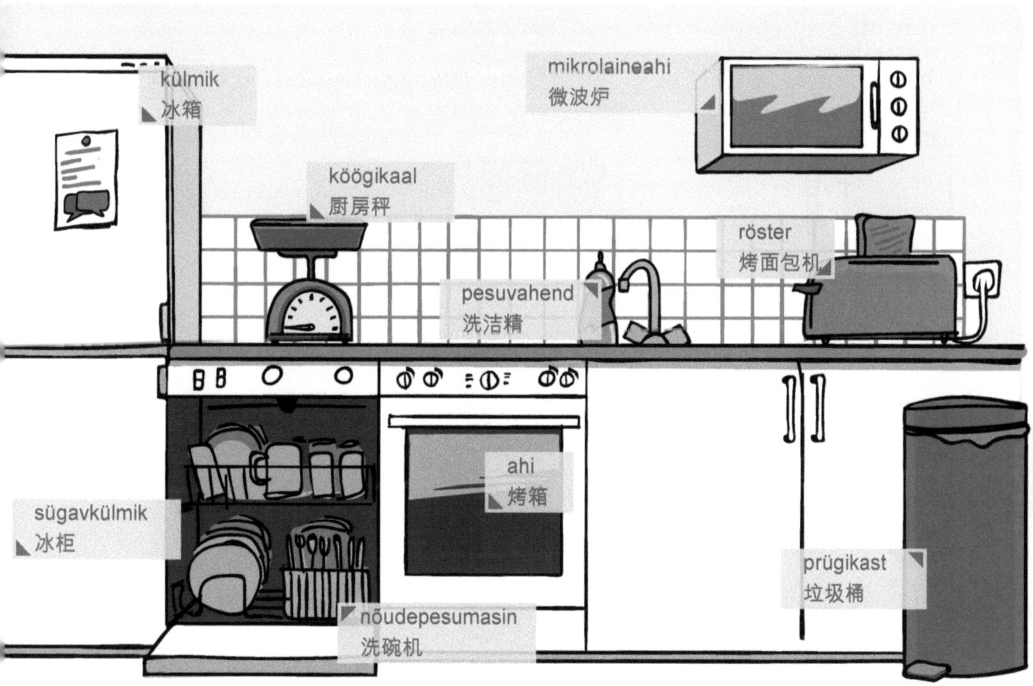

külmik
冰箱
mikrolaineahi
微波炉
köögikaal
厨房秤
röster
烤面包机
pesuvahend
洗洁精
ahi
烤箱
sügavkülmik
冰柜
prügikast
垃圾桶
nõudepesumasin
洗碗机

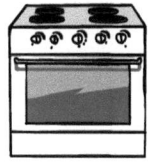

pliit

炊具

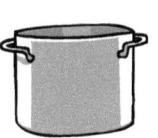

pott

锅

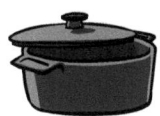

malmpott

铸铁锅

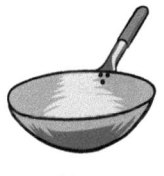

vokkpann

炒锅

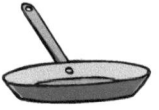

pann

平底锅

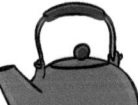

veekeetja

水壶

aurutaja

蒸锅

küpsetusplaat

烤盘

lauanõud

陶瓷锅

kruus

马克杯

kauss

碗

söögipulgad

筷子

kulp

长柄勺

pannilabidas

铲子

vispel

搅拌器

kurn

滤网

sõel

筛子

riiv

磨碎机

uhmer

研钵

grill

烧烤

lahtine tuli

明火

lõikelaud

菜板

tainarull

擀面杖

korgitser

开瓶器

konservipurk

罐子

konserviavaja

开罐器

pajakinnas

隔热手套

kraanikauss

水槽

hari

刷子

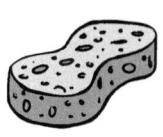

pesukäsn

海绵

kannmikser

搅拌机

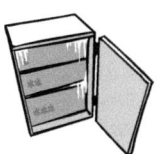

sügavkülmuti

冷藏箱

lutipudel

奶瓶

segisti

水龙头

vannituba

浴室

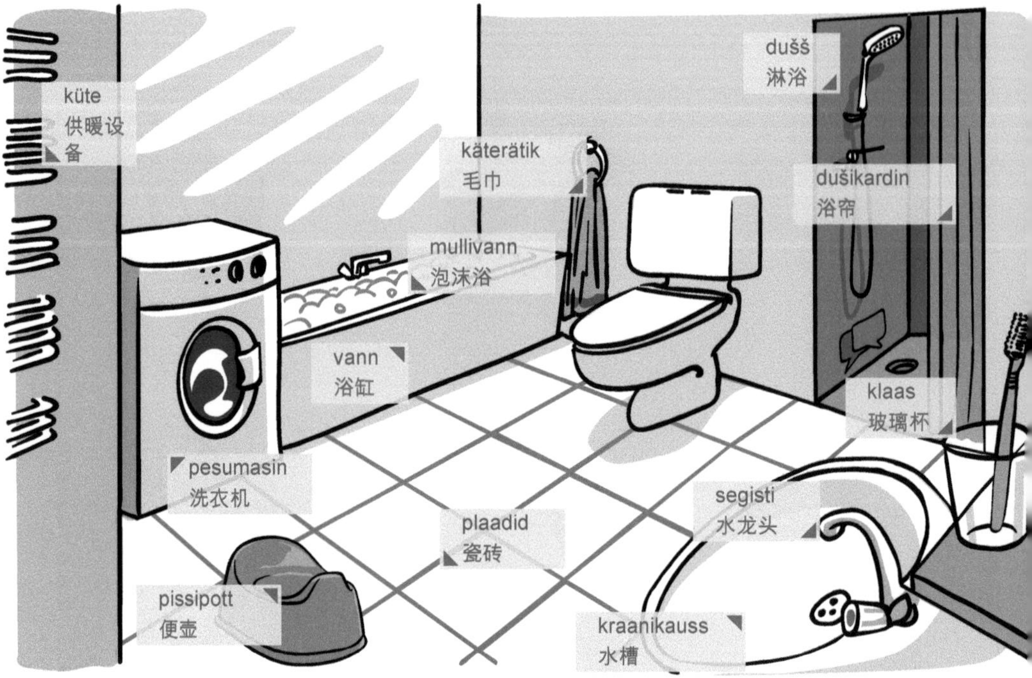

küte
供暖设备

dušš
淋浴

käterätik
毛巾

dušikardin
浴帘

mullivann
泡沫浴

vann
浴缸

klaas
玻璃杯

pesumasin
洗衣机

segisti
水龙头

plaadid
瓷砖

pissipott
便壶

kraanikauss
水槽

WC-pott	kükitamistualett	bidee
厕所	蹲便器	坐浴器
pissuaar	tualettpaber	WC-hari
小便池	厕纸	马桶刷

hambahari

牙刷

hambapasta

牙膏

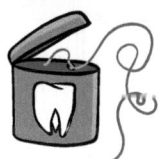

hambaniit

牙线

pesema

洗

käsidušš

手持式喷淋头

intiimdušš

冲洗器

pesukauss

洗脸盆

seljahari

擦背刷

seep

肥皂

dušigeel

沐浴露

šampoon

洗发水

vamm

法兰绒

äravool

排水

kreem

乳霜

deodorant

除臭剂

peegel

镜子

käsipeegel

手镜

habemenuga

剃须刀

raseerimisvaht

剃须泡沫

habemevesi

须后水

kamm

梳子

hari

刷子

föön

吹风机

juukselakk

喷发定型剂

meigikomplekt

化妆品

huulepulk

唇膏

küünelakk

指甲油

vatt

化妆棉

küünekäärid

指甲剪

parfüüm

香水

tualett-tarvete kott

洗漱包

taburet

凳子

kaal

计重秤

hommikumantel

浴袍

kummikindad

橡胶手套

tampoon

卫生棉条

hügieeniside

卫生巾

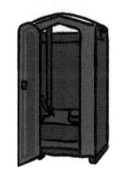

keemiline tualett

化学厕所

lastetuba

儿童房

äratuskell
闹钟
pehme mänguasi
毛绒玩具
mänguauto
玩具车
kõristi
拨浪鼓
nukumaja
玩具屋
kingitus
礼物

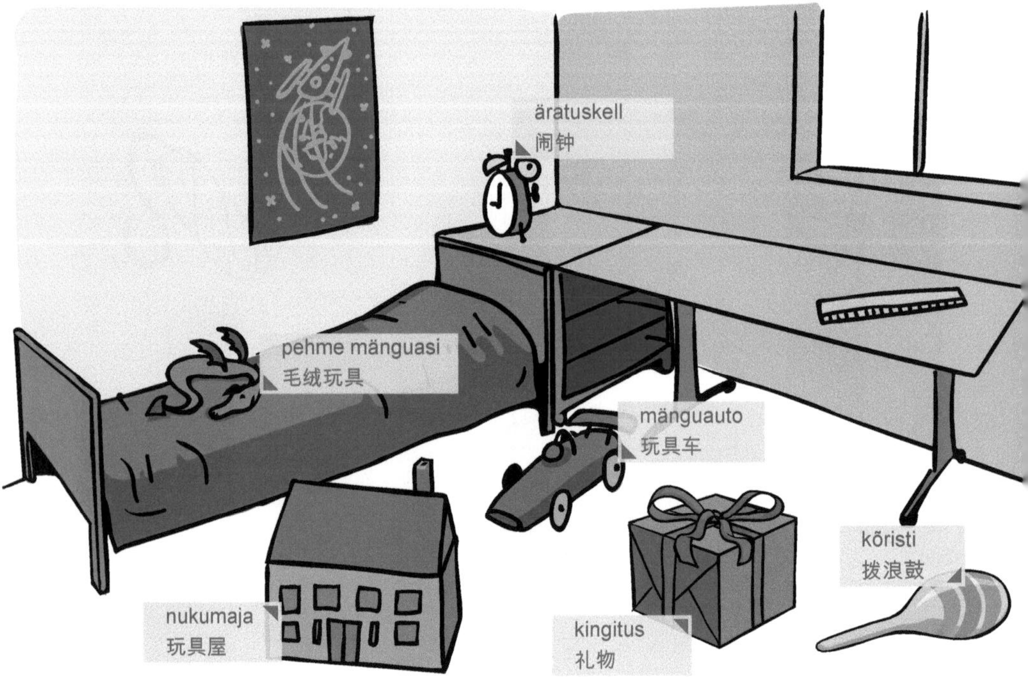

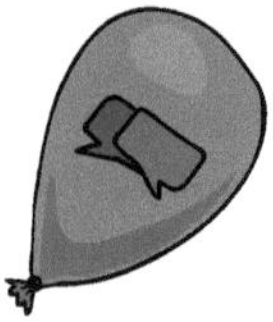

õhupall

气球

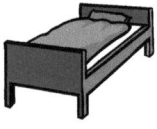

voodi

床

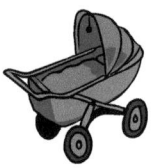

lapsevanker

（洋娃娃用）婴儿车

kaardipakk

扑克牌

pusle

拼图

SUPER
MEGA

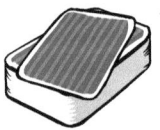

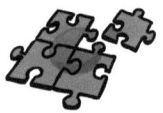

koomiks

漫画

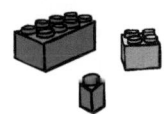

Lego klotsid

乐高积木

klotsid

积木玩具

kujuke

玩具人

siputuspüksid

婴儿服

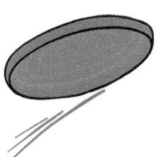

lendav taldrik

飞盘

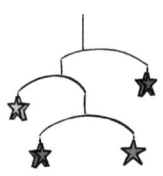

voodikarussell

床铃玩具

lauamäng

棋盘游戏

täringud

骰子

mudelrong

火车模型

lutt

安抚奶嘴

pidu

聚会

pildiraamat

绘本

pall

球

nukk

洋娃娃

mängima

玩

liivakast

沙坑

kiik

秋千

mänguasjad

玩具

mängukonsool

游戏机

kolmerattaline jalgratas

三轮车

mängukaru

泰迪熊

riidekapp

衣柜

riietus

衣服

sokid

袜子

sukad

长袜

sukkpüksid

紧身裤

sall
围巾

vihmavari
雨伞

vöö
皮带

T-särk
T恤

saapad
靴子

sussid
拖鞋

tossud
运动鞋

sandaalid
凉鞋

jalatsid
鞋

kummikud
雨靴

aluspüksid
内裤

rinnahoidja
胸罩

vest
背心

bodi

身体

püksid

裤子

teksapüksid

牛仔裤

seelik

短裙

pluus

女式衬衫

särk

衬衫

sviiter

套头衫

dressipluus

卫衣

bleiser

西装夹克

jakk

夹克

mantel

外套

vihmamantel

雨衣

kostüüm

套装

kleit

连衣裙

pulmakleit

婚纱

ülikond

西装

öösärk

睡袍

pidžaama

睡衣

sari

莎丽

pearätt

头巾

turban

包头巾

burka

波卡

kaftan

卡夫坦

abayah

(阿拉伯式)长袍长袍

ujumistrikoo

泳衣

ujumispüksid

男式泳裤

lühikesed püksid

短裤

dressid

运动服

põll

围裙

kindad

手套

nööp

纽扣

prillid

眼镜

käevõru

手链

kaelakee

项链

sõrmus

戒指

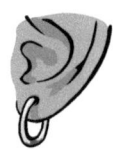

kõrvarõngas

耳环

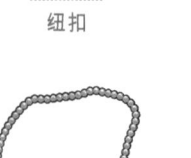

nokamüts

便帽

riidepuu

衣架

kaabu

帽子

lips

领带

tõmblukk

拉链

kiiver

头盔

traksid

背带

koolivorm

校服

vormirõivad

制服

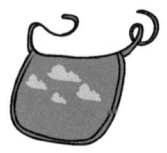

pudipõll

围兜

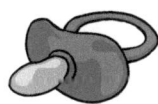

lutt

安抚奶嘴

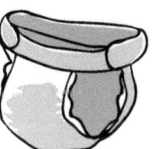

mähe

尿不湿

kontor
办公室

server
服务器
arhiivikapp
文件柜
printer
打印机
paber
纸
monitor
显示屏
hiir
鼠标
kirjutuslaud
办公桌
kaust
文件夹
klaviatuur
键盘
paberikorv
废纸筐
arvuti
电脑
tool
椅子

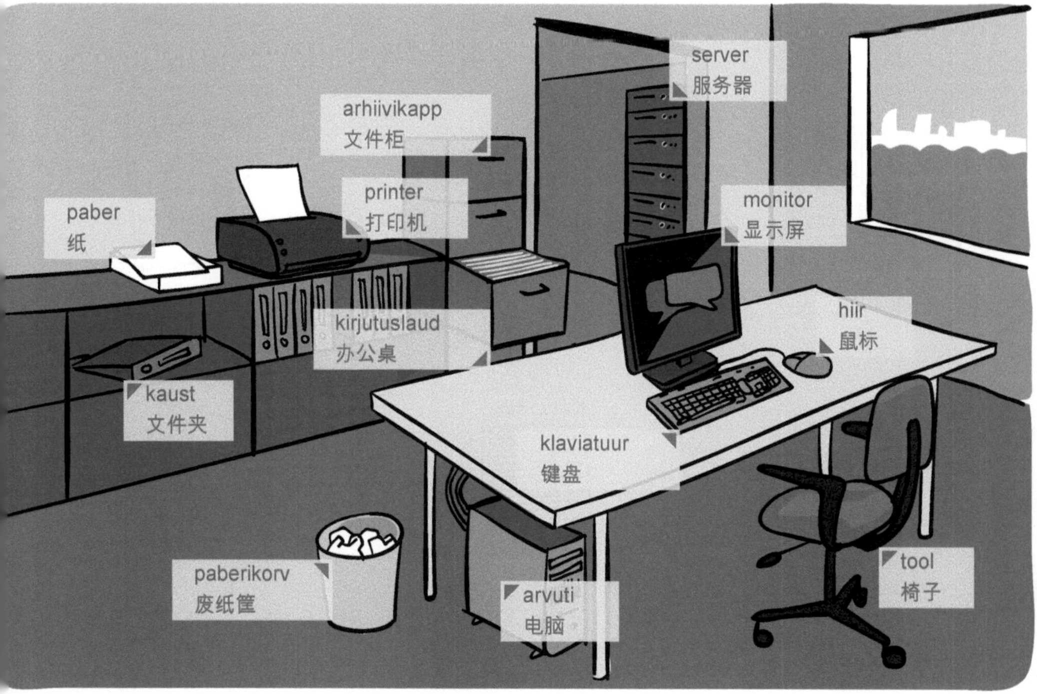

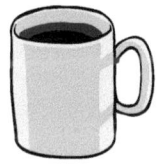

kohvikruus

咖啡杯

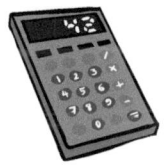

kalkulaator

计算器

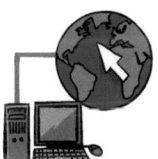

internet

因特网

sülearvuti

笔记本电脑

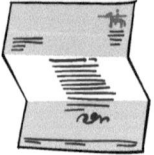

kiri

信件

sõnum

消息

mobiiltelefon

手机

võrk

网络

koopiamasin

复印机

tarkvara

软件

telefon

电话

pistikupesa

插座

faksimasin

传真机

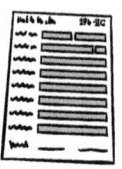

vorm

表格

dokument

文件

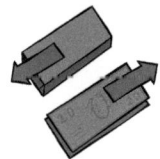

ostma

买

maksma

付钱

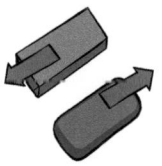

vahetama

交易

raha

现金

dollar

美元

euro

欧元

jeen

日元

rubla

卢布

Šveitsi frank

瑞士法郎

renminbi jüaan

人民币

ruupia

卢比

sularahaautomaat

提款处

valuutavahetuspunkt

外币兑换处

kuld

金

hõbe

银

nafta

石油

energia

能源

hind

价格

leping

合同

maks

税金

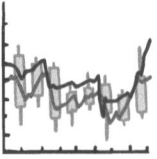

aktsia

股票

töötama

工作

töötaja

职员

tööandja

老板

tehas

工厂

kauplus

商店

ametid
职业

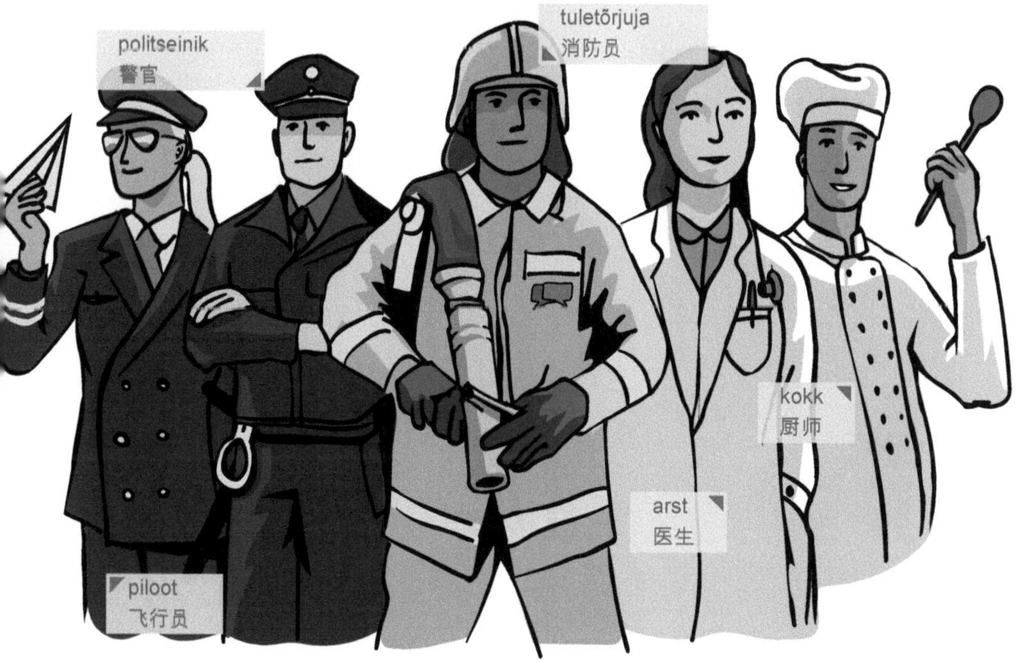

politseinik
警官
tuletõrjuja
消防员
kokk
厨师
arst
医生
piloot
飞行员

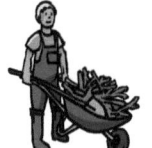

aednik
园丁

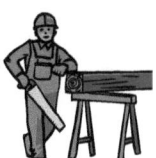

puusepp
木匠

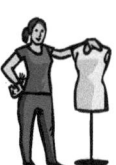

õmbleja
裁缝

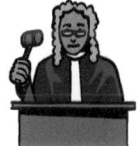

kohtunik
法官

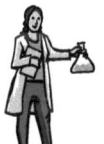

keemik
化学家

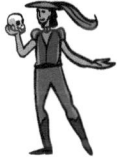

näitleja
演员

bussijuht

公交车司机

taksojuht

出租车司机

kalamees

渔夫

koristaja

清洁女工

katusepaigaldaja

屋顶工

kelner

服务员

jahimees

猎人

maaler

画家

pagar

面包师

elektrik

电工

ehitaja

建筑工人

insener

工程师

lihunik

屠夫

torumees

水管工

postiljon

邮递员

sõdur

士兵

arhitekt

建筑师

kassapidaja

收银员

lillemüüja

花农

juuksur

理发师

piletikontrolör

售票员

mehaanik

机械师

kapten

船长

hambaarst

牙医

teadlane

科学家

rabi

拉比

imaam

伊玛目

munk

和尚

preester

牧师

tööriistad
工具

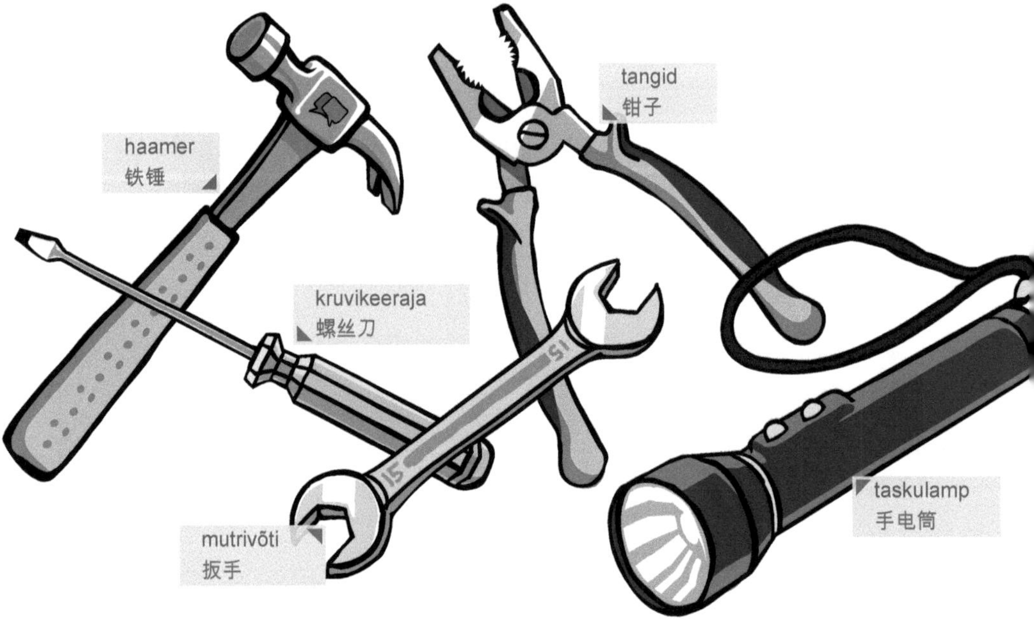
haamer
铁锤
tangid
钳子
kruvikeeraja
螺丝刀
mutrivõti
扳手
taskulamp
手电筒

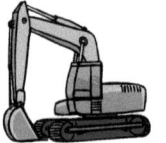

ekskavaator
挖掘机

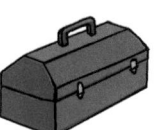

tööriistakast
工具箱

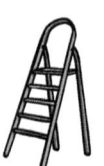

redel
梯子

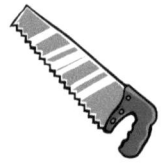

saag
锯子

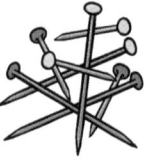

naelad
钉子

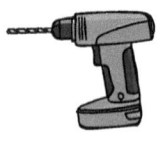

trell
钻机

parandama

修

labidas

铲子

Põrgusse!

靠！

kühvel

簸箕

värvipott

油漆桶

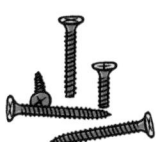

kruvid

螺丝

pillid

乐器

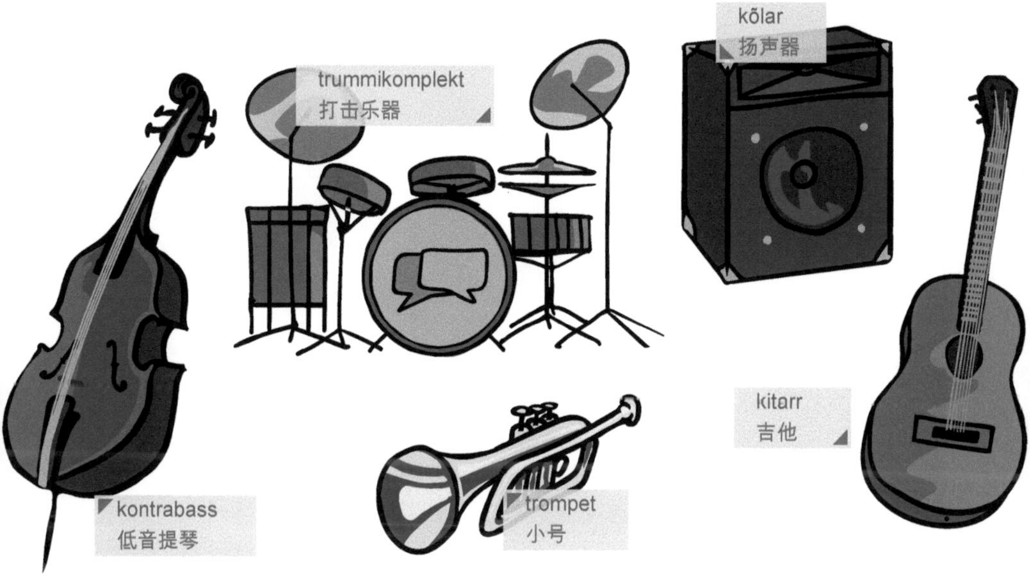

trummikomplekt
打击乐器

kõlar
扬声器

kitarr
吉他

kontrabass
低音提琴

trompet
小号

klaver

钢琴

viiul

小提琴

bass

贝斯

timpan

定音鼓

trummid

鼓

süntesaator

电子琴

saksofon

萨克斯管

flööt

长笛

mikrofon

麦克风

loomaaed
动物园

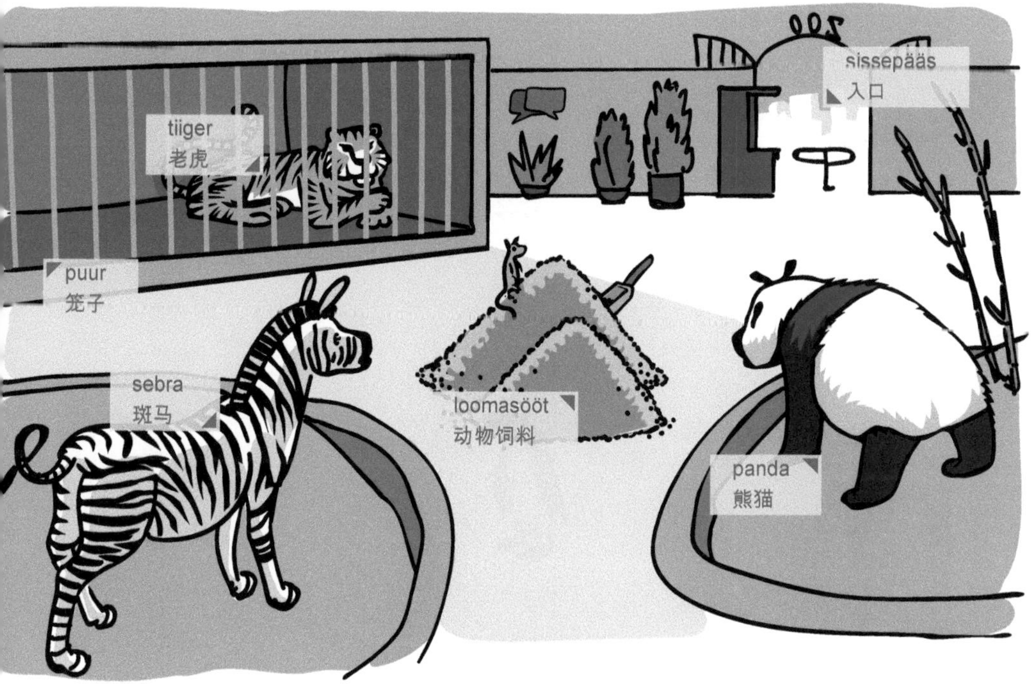

sissepääs
入口
tiiger
老虎
puur
笼子
sebra
斑马
loomasööt
动物饲料
panda
熊猫

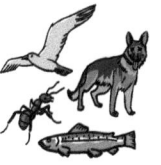

loomad

动物

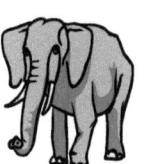

elevant

大象

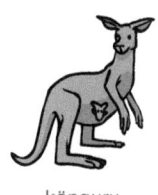

känguru

袋鼠

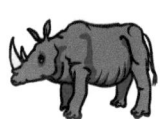

ninasarvik

犀牛

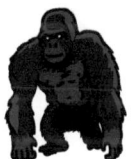

gorilla

大猩猩

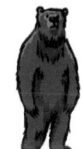

karu

熊

kaamel

骆驼

jaanalind

鸵鸟

lõvi

狮子

ahv

猴子

flamingo

火烈鸟

papagoi

鹦鹉

jääkaru

北极熊

pingviin

企鹅

hai

鲨鱼

paabulind

孔雀

madu

蛇

krokodill

鳄鱼

loomaaiatalitaja

动物园管理员

hüljes

海豹

jaaguar

美洲豹

poni

矮种马

leopard

豹

jõehobu

河马

kaelkirjak

长颈鹿

kotkas

老鹰

metssiga

野猪

kala

鱼

kilpkonn

龟

morsk

海象

rebane

狐狸

gasell

羚羊

Ameerika jalgpall
橄榄球

jalgrattasõit
骑自行车

tennis
网球

korvpall
篮球

ujumine
游泳

jäähoki
冰球

poksimine
拳击

jalgpall
英式足球

sulgpall
羽毛球

kergejõustik
田径

käsipall
手球

suusatamine
滑雪

polo
马球

naerma
笑

hüppama
跳

kallistama
拥抱

jalutama
走路

laulma
唱

unistama
做梦

palvetama
祈祷

suudlema
亲吻

kirjutama

书写

joonistama

画

näitama

展示

lükkama

推

andma

给

võtma

拿

omama

有

tegema

做

olema

当

seisma

站

jooksma

跑

tõmbama

拉

viskama

扔

kukkuma

摔倒

lamama

躺

ootama

等待

kandma

携带

istuma

坐

riidesse panema

穿衣

magama

睡觉

ärkama

醒来

vaatama
看

nutma
哭

paitama
抚摸

kammima
梳头

rääkima
交谈

aru saama
明白

küsima
问

kuulama
听

jooma
喝

sööma
吃

korrastama
清理

armastama
爱

süüa tegema
做饭

sõitma
开车

lendama
飞

purjetama

航行

arvutama

计算

lugema

读

õppima

学习

töötama

工作

abielluma

结婚

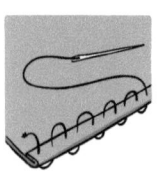

õmblema

缝

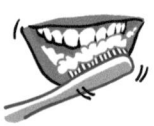

hambaid pesema

刷牙

tapma

杀

suitsetama

抽烟

saatma

寄

vanaema
祖母

vanaisa
祖父

isa
父亲

ema
母亲

imik
婴童

tütar
女儿

poeg
儿子

külaline

客人

tädi

阿姨

onu

叔叔

vend

兄弟

õde

姐妹

keha

身体

otsmik
前额
silm
眼睛
nägu
脸
lõug
下巴
sõrm
手指
käsi
手
rind
乳房
käsivars
手臂
õlg
肩膀
jalg
腿

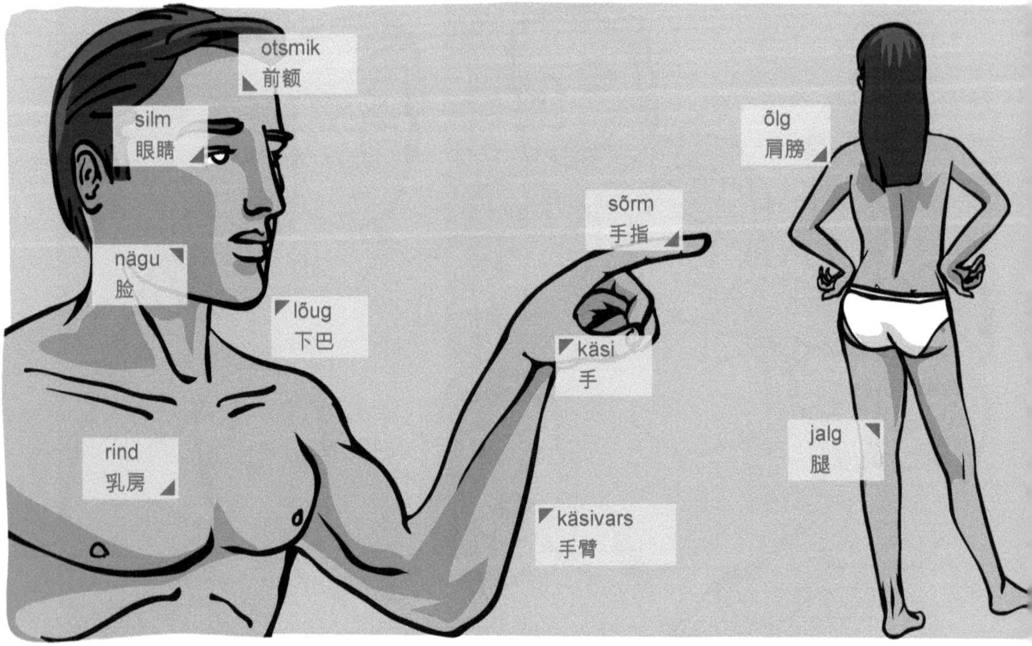

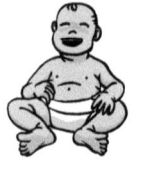

imik
婴童

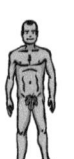

mees
男人

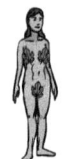

naine
女人

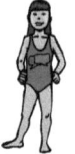

tüdruk
女孩

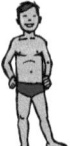

poiss
男孩

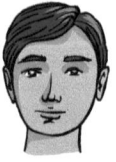

pea
头

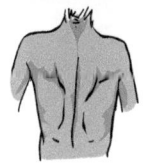

selg

背部

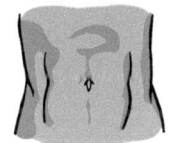

kõht

肚子

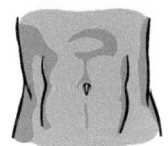

naba

肚脐

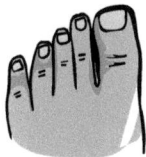

varvas

脚趾

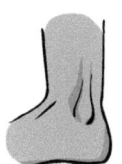

kand

脚后跟

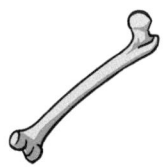

luu

骨头

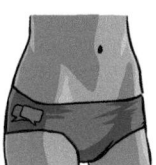

puus

臀部

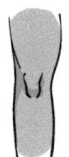

põlv

膝盖

küünarnukk

手肘

nina

鼻子

tagumik

屁股

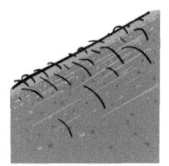

nahk

皮肤

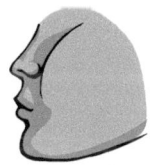

põsk

脸颊

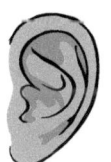

kõrv

耳朵

huuled

嘴唇

suu

嘴

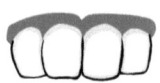

hammas

牙齿

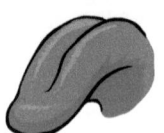

keel

舌头

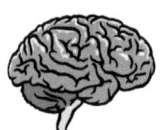

aju

脑

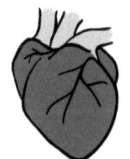

süda

心脏

lihas

肌肉

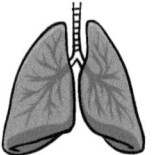

kops

肺

maks

肝脏

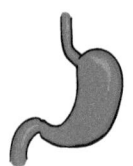

magu

胃

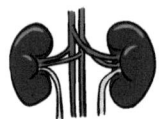

neerud

肾脏

seksuaalvahekord

性交

kondoom

避孕套

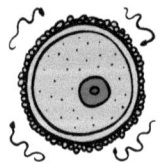

munarakk

卵子

sperma

精子

rasedus

怀孕

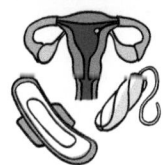

menstruatsioon

月经

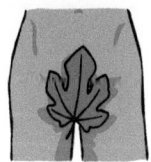

vagiina

阴道

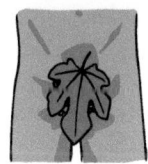

peenis

阴茎

kulm

眉毛

juuksed

头发

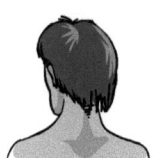

kael

脖子

haigla

医院

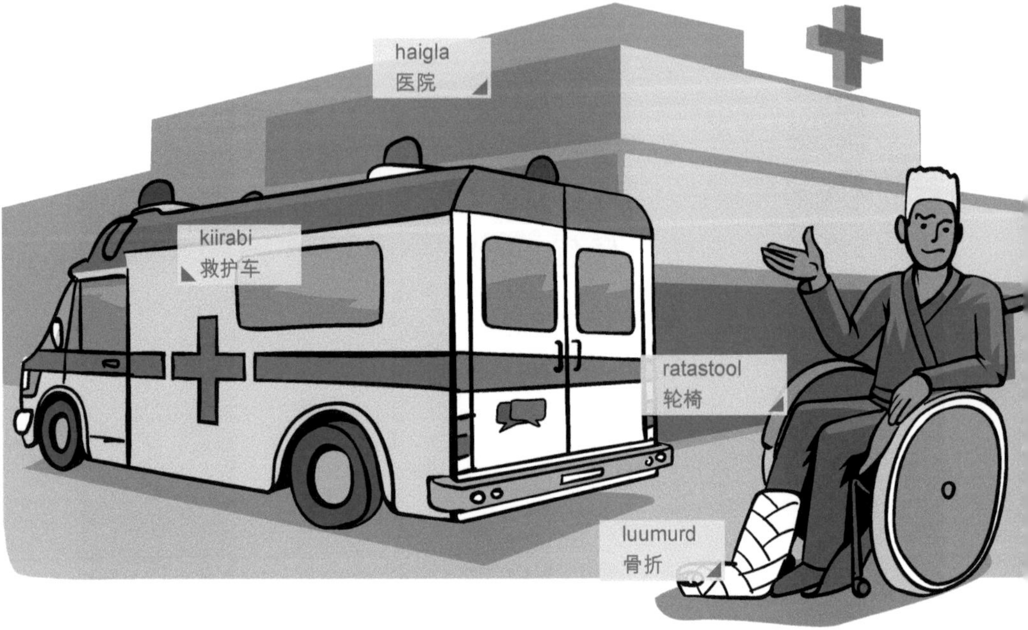

haigla
医院
kiirabi
救护车
ratastool
轮椅
luumurd
骨折

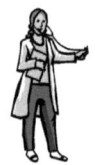

arst
医生

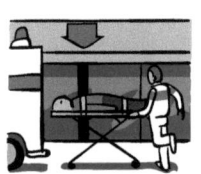

traumapunkt
急诊室

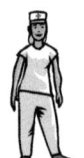

meditsiiniõde
护士

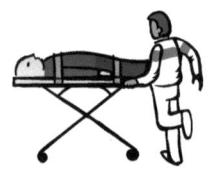

hädaolukord
紧急情况

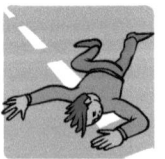

teadvuseta
昏迷

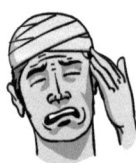

valu
痛

vigastus

受伤

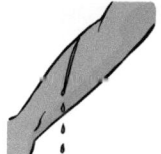

verejooks

出血

südamerabandus

心脏病发作

insult

中风

allergia

过敏

köha

咳嗽

palavik

发烧

gripp

流感

kõhulahtisus

腹泻

peavalu

头痛

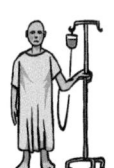

vähk

癌症

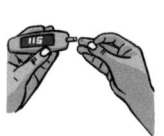

diabeet

糖尿病

kirurg

外科医生

skalpell

手术刀

operatsioon

手术

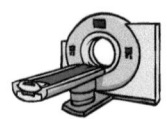

KT
CT

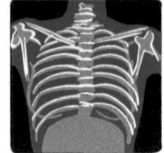

röntgen
X光

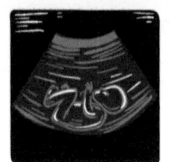

ultraheli
超声波

mask
口罩

haigus
疾病

ooteruum
候诊室

kark
拐杖

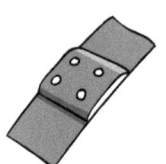

kips
石膏

side
绷带

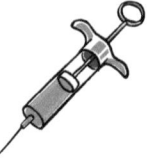

süst
注射

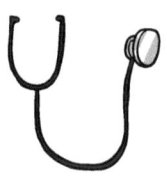

stetoskoop
听诊器

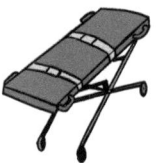

kanderaam
担架

kraadiklaas
体温计

sünd
出生

ülekaaluline
超重

kuuldeaparaat

助听器

desinfektsioonivahend

消毒液

põletik

感染

viirus

病毒

HIV / AIDS

艾滋病

meditsiin

药物

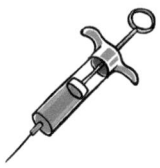

vaktsineerimine

接种疫苗

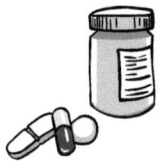

tabletid

药片

pill

药丸

hädaabikõne

急救电话

vererõhuaparaat

血压计

haige / terve

生病/健康

Appi!

救命！

häire

警报

kallaletung

突击

rünnak

攻击

oht

危险

avariiväljapääs

紧急出口

Tulekahju!

着火啦！

tulekustuti

灭火器

õnnetus

意外

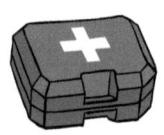

esmaabikomplekt

急救箱

SOS

呼救信号

politsei

警察

Euroopa

欧洲

Põhja-Ameerika

北美洲

Lõuna-Ameerika

南美洲

Aafrika

非洲

Aasia

亚洲

Austraalia

澳洲

Atlandi ookean

大西洋

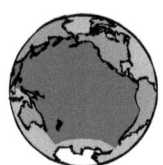

Vaikne ookean

太平洋

India ookean

印度洋

Lõuna-Jäämeri

南冰洋

Põhja-Jäämeri

北冰洋

põhjapoolus

北极

lõunapoolus

南极

Antarktika

南极洲

Maa

地球

maismaa

陆地

meri

海

saar

岛

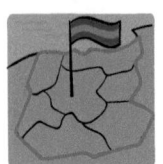

rahvus

国家

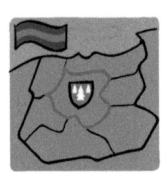

riik

国家

sihverplaat

钟面

tunniosuti

时针

minutiosuti

分针

sekundiosuti

秒针

Mis kell on?

现在几点？

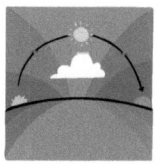

päev

天

aeg

时间

praegu

现在

digitaalne kell

电子表

minut

分

tund

时

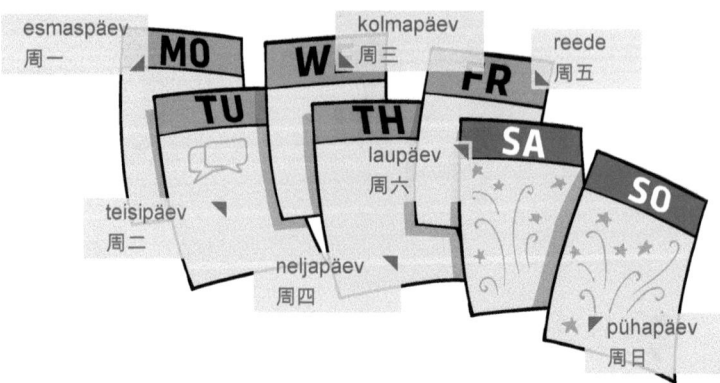

esmaspäev
周一

kolmapäev
周三

reede
周五

teisipäev
周二

neljapäev
周四

laupäev
周六

pühapäev
周日

eile

昨天

täna

今天

homme

明天

hommik

早晨

lõuna

中午

õhtu

晚上

MO	TU	WE	TH	FR	SA	SU
1	2	3	4	5	6	7
8	9	10	11	12	13	14
15	16	17	18	19	20	21
22	23	24	25	26	27	28
29	30	31	1	2	3	4

tööpäevad

工作日

MO	TU	WE	TH	FR	SA	SU
1	2	3	4	5	6	7
8	9	10	11	12	13	14
15	16	17	18	19	20	21
22	23	24	25	26	27	28
29	30	31	1	2	3	4

nädalavahetus

周末

vihm
雨

vikerkaar
彩虹

tuul
风

lumi
雪

kevad
春

suvi
夏

süqis
秋

talv
冬

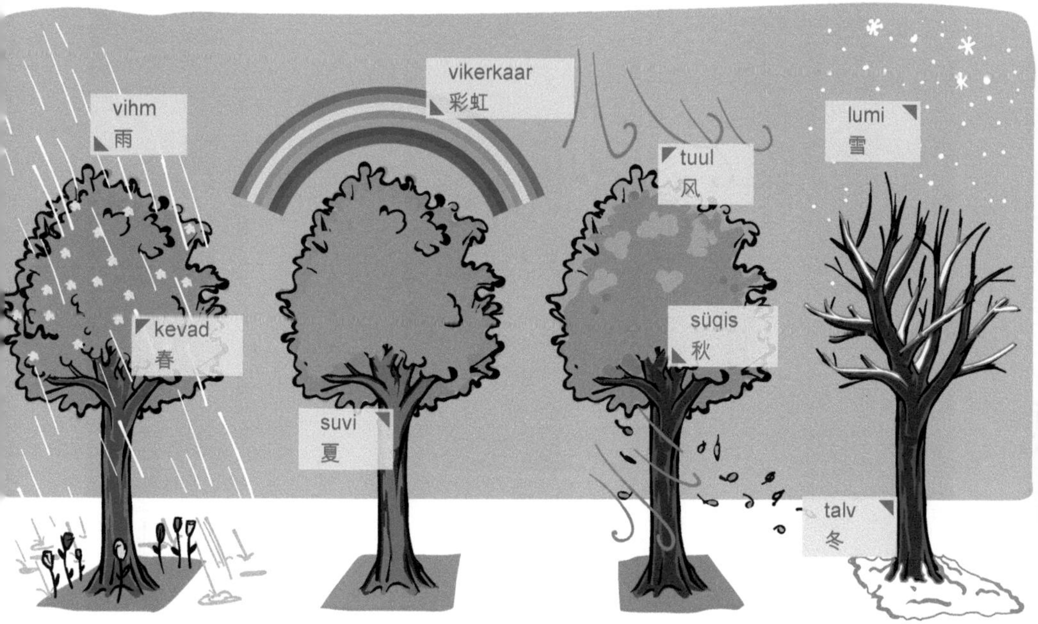

ilmaennustus

天气预报

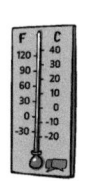

termomeeter

温度计

päikesepaiste

阳光

pilv

云

udu

雾

niiskus

潮湿

pikne

闪电

kõu

打雷

torm

风暴

rahe

冰雹

mussoon

季风

üleujutus

洪水

jää

冰

jaanuar

一月

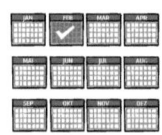

veebruar

二月

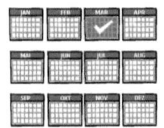

märts

三月

aprill

四月

mai

五月

juuni

六月

juuli

七月

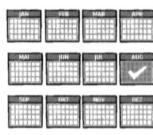

august

八月

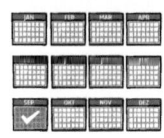

september

九月

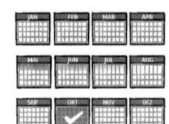

oktoober

十月

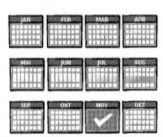

november

十一月

detsember

十二月

kujundid

形状

ring

圆形

ruut

正方形

nelinurk

长方形

kolmnurk

三角形

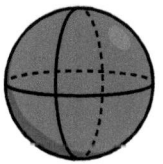

kera

球体

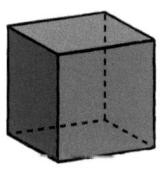

kuup

立方体

valge

白

kollane

黄

oranž

橙

roosa

粉

punane

红

lilla

紫

sinine

蓝

roheline

绿

pruun

棕

hall

灰

must

黑

palju / vähe

很多/少许

vihane / rahulik

生气/平静

ilus / inetu

美/丑

algus / lõpp

首/尾

suur / väike

大/小

hele / tume

明/暗

vend / õde

兄弟/姐妹

puhas / must

干净/肮脏

täielik / puudulik

完整/缺失

päev / öö

白天/晚上

surnud / elus

死/生

lai / kitsas

宽/窄

söödav / mittesöödav

可食用/非食用

kuri / sõbralik

邪恶/善良

põnevil / tüdinud

兴奋/无聊

paks / peenike

胖/瘦

esimene / viimane

第一/最后

sõber / vaenlane

朋友/敌人

täis / tühi

满/空

kõva / pehme

硬/软

raske / kerge

重/轻

nälg / janu

饿/渴

haige / terve

生病/健康

ebaseaduslik / seaduslik

非法/合法

tark / rumal

聪明/愚笨

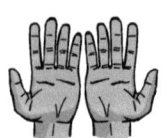

vasak / parem

左/右

lähedal / kaugel

近/远

uus / kasutatud

新/旧

mitte midagi / midagi

没有/有些

vana / noor

老/幼

sees / väljas

开/关

lahti / kinni

打开/合上

vaikne / vali

安静/吵闹

rikas / vaene

富/穷

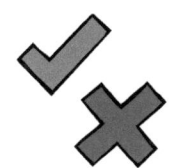

õige / vale

对/错

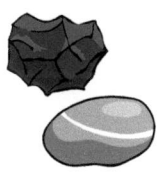

kare / sile

粗糙/光滑

kurb / rõõmus

伤心/高兴

lühike / pikk

短/长

aeglane / kiire

慢/快

märg / kuiv

湿/干

soe / jahe

温暖/凉爽

sõda / rahu

战争/和平

0

null
零

1

üks
一

2

kaks
二

3

kolm
三

4

neli
四

5

viis
五

6

kuus
六

7

seitse
七

8

kaheksa
八

9

üheksa
九

10

kümme
十

11

üksteist
十一

12
kaksteist
十二

13
kolmteist
十三

14
neliteist
十四

15
viisteist
十五

16
kuusteist
十六

17
seitseteist
十七

18
kaheksateist
十八

19
üheksateist
十九

20
kakskümmend
二十

100
sada
百

1.000
tuhat
千

1.000.000
miljon
百万

语言

inglise
英语

Ameerika inglise
美式英语

mandariini
普通话

hindi
印地语

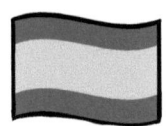

hispaania
西班牙语

prantsuse
法语

araabia
阿拉伯语

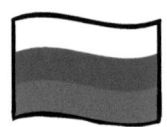

vene
俄语

portugali
葡萄牙语

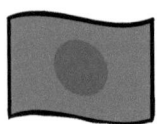

bengali
孟加拉语

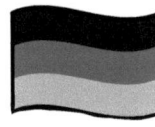

saksa
德语

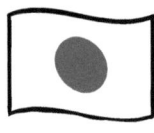

jaapani
日语

mina

我

sina

你

tema

他/她/它

meie

我们

teie

你们

nemad

他们

kes?

谁？

mis?

什么？

kuidas?

怎样？

kus?

哪里？

millal?

什么时候？

nimi

名字

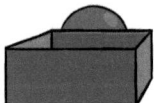

taga

后面

sees

里面

ees

前面

kohal

上方

peal

上面

all

下面

kõrval

旁边

vahel

中间

koht

地点